LIVELLO 3 • A2
1500 parole

MAFIA, AMORE & POLIZIA

Alessandro De Giuli • Ciro Massimo Naddeo

Letture Italiano Facile

redazione: Chiara Sandri e Marco Dominici
progetto grafico e copertina: Lucia Cesarone
impaginazione: Gabriel de Banos
illustrazioni: Giampiero Wallnofer

A cura di Alessandro De Giuli: da pagina 28 a pagina 48
A cura di Ciro Massimo Naddeo: da pagina 5 a pagina 27
e da pagina 48 a pagina 50

Printed in Italy
ISBN 978-88-6182-431-7
prima stampa edizione aggiornata: maggio 2016

ALMA Edizioni
via Bonifacio Lupi 7
50129 Firenze
info@almaedizioni.it
www.almaedizioni.it

audio online su
www.almaedizioni.it/italiano-facile

INDICE

PERSONAGGI

Hans

Francesca

Grusser

Prologo

traccia 1

Rio de Janeiro, spiaggia di Copacabana.

– Ciao Francesca, come stai?
– Ciao Agnes. Tutto bene e tu?
– Non c'è male. Cosa fai qui? Dov'è Hans?
– È alle prove, stasera ha un concerto. E io mi rilasso qui in spiaggia.
– Brava! Senti ma... non pensi mai all'Italia?
– Certo, soprattutto a Napoli.
– È lì che vi siete conosciuti tu e Hans?
– No, ci siamo conosciuti ad Amburgo... o meglio, ci siamo conosciuti in treno, in viaggio verso Napoli.
– Davvero? Non lo sapevo.
– Eh, eh... è una storia lunga...

Francesca comincia a raccontare...

fai gli ESERCIZI
vai a pagina 51

note

spiaggia • 

prove • ripetizioni di uno spettacolo, di un concerto *Prima di un concerto, i musicisti fanno molte prove.*

mi rilasso (inf. rilassarsi) • mi riposo *Nel fine settimana mi rilasso: dormo fino a tardi e faccio colazione con calma.*

Capitolo I

traccia 2

Alla stazione di Amburgo, una mattina di maggio del 1993.

– Ciao Hans, come va?
– Bene grazie, sto partendo.
– Vedo. Dove vai?
– Vado in Italia, a Napoli.
– A Napoli?
– Sì, voglio imparare l'italiano.
– Perché proprio a Napoli?
– Perché è una bella città. E poi là ci sono i 99 Posse.
– Chi?
– I 99 Posse. Sono un gruppo musicale di Napoli. Fanno una musica molto allegra. Rap mediterraneo, si chiama.
– Pensi di suonare con loro?
– Sì. So che cercano un sassofonista. Ho letto un annuncio su Rockline.
– Allora buona fortuna. Oh guarda, Hans... quel signore non è Grusser?
– Grusser? Grusser chi?
– Grusser, il capo della polizia. La sua foto è su tutti i giornali.
– Ah sì, adesso ricordo... ha scoperto che la mafia italiana porta i soldi nelle banche tedesche...
– Sì, esatto. Guarda, sta salendo sul tuo treno. Forse va in Italia per una indagine.
– O forse è in vacanza... Oh, il treno parte. Ci vediamo, Kurt.
– Ciao Hans, buon viaggio. Scrivimi una cartolina.

▸ note

indagine • investigazione, ricerca *Quel libro parla di una nuova indagine di Sherlock Holmes.*

Capitolo II

traccia 3

In treno, cinque minuti dopo. Hans cerca un posto.

– Scusa, è libero questo posto?
– Sì, non c'è nessuno.
– Allora mi siedo qui, vicino a te. Mi chiamo Hans. Vado a Napoli.
– Piacere, io sono Francesca. Anch'io vado a Napoli.

Francesca ha un viso simpatico. Ha i capelli neri e due grandi occhi verdi.

– Sei italiana?
– Un po'. Mia madre è tedesca e mio padre è italiano. Ma io sono nata in Germania.
– Ho capito. E ora vai in Italia per le vacanze.
– No. Vado in Italia per lavoro. Sono una giornalista. Devo scrivere qualcosa sulla mafia.
– Ah sì? Lo sai chi c'è su questo treno?
– No, chi c'è?
– Grusser, il capo della polizia. Lo conosci?
– Certo. Una volta l'ho anche intervistato. Si occupa della lotta alla mafia. Ma come fai a sapere che viaggia su questo treno?
– L'ho visto salire. È in prima classe.
– Forse segue qualcuno...
– No, queste cose succedono solo nei film. Secondo me è in vacanza.
– Hai ragione. Dopo però voglio parlare con lui. Mi può dare qualche informazione per i miei articoli. E tu, che cosa vai a fare in Italia?
– Vado a imparare l'italiano. E a suonare il sassofono...
– Sei un musicista?
– Sì. Mi piace suonare il rap. Conosci i 99 Posse?

note

lotta • combattimento, guerra *La lotta contro la droga è molto difficile.*

– Certo, sono miei amici.
– Davvero?
– Sì. Ti ho detto che mio padre è italiano. È di Napoli. Ho molti amici là.
– È incredibile. Sono partito da cinque minuti e ho già conosciuto un'amica dei 99 Posse.

Arriva il controllore:

– Biglietti, per favore.
– Ecco il mio...
– Va bene, grazie. Il suo biglietto, signore?
– Un momento...

Hans non lo trova. Guarda nella borsa, nell'agenda e nel portafoglio, ma il biglietto non c'è.

– Non lo trovo... non mi ricordo dove l'ho messo...
– Prova a guardare nella tasca dei pantaloni – dice Francesca.
– Ah sì, eccolo. Fiuuuh, che paura!
– Va bene, grazie. Buon viaggio.

Il controllore esce.

– Perché mi guardi così?
– Perché per un momento ho pensato: "fine del viaggio". E anche: "addio Francesca".
– Beh, sei ancora qui. Vuoi un po' di coca cola?
– No, grazie. Non ho sete.

Capitolo III

traccia 4

Il treno corre veloce. Hans e Francesca fanno mille discorsi:

– Francesca, tu parli l'italiano?
– Certo. Parlo il tedesco, l'italiano e anche il napoletano.
– Che cos'è il napoletano?
– È il dialetto di Napoli.
– Non parlano l'italiano, a Napoli?
– Sì, ma esiste anche il dialetto. I 99 Posse, per esempio, cantano in dialetto.
– Per questo io non capisco niente. Le loro canzoni sono incomprensibili.
– È un dialetto bellissimo. Lo sai che ci sono poesie, canzoni e opere teatrali in napoletano?
– No, non lo so.
– E che in ogni città d'Italia c'è un dialetto diverso?
– Mamma mia! Come farò a capire?
– Non è difficile. Prima, però, devi imparare l'italiano.
– Hai ragione. Quest'inverno ho seguito un corso ad Amburgo. Non è stato difficile.
– Allora lo parli già...
– L'italiano? Sì, un poco. Senti, è finita la coca cola?
– No, aspetta. È nella valigia.

Mentre Francesca apre la valigia per prendere la coca cola, un libro cade per terra.

– Che cos'è?
– È un libro sulla mafia. Mi serve per il mio lavoro.

▸ note

incomprensibili • difficili da capire *La lingua araba e la lingua cinese sono incomprensibili.*

– «Cosa nostra, 'ndrangheta e camorra» – legge Hans – Che cosa vuol dire questo titolo?
– Sono tre nomi della mafia.
– Perché, la mafia ha molti nomi?
– Sì, dipende dalla zona geografica. In Sicilia, per esempio, c'è la mafia più famosa. Si chiama cosa nostra.
– Quella che è anche in America?
– Sì, esatto. Quella di Al Capone.
– Poi?
– Poi c'è la 'ndrangheta, che è in Calabria. La Calabria è una regione...
– Sì, lo so. È una regione italiana. Si trova sopra la Sicilia.
– Bravo. È sulla punta dello stivale.
– E la camorra che cos'è?
– La camorra è la mafia di Napoli.
– Camorra... Che strano nome. Che cosa vuol dire?
– Non lo so, Hans. Adesso voglio dormire un po'. Ieri sera ho fatto una festa per salutare gli amici. Sono rimasta sveglia fino alle quattro. Ho dormito solo tre ore...
– Okay, okay, ho capito. Ti lascio dormire. Io vado a prendere un caffè al vagone ristorante. Così guardo dov'è seduto Grusser.
– Sì. Dopo andiamo a parlare con lui.
– A dopo, allora.

fai gli ESERCIZI
vai a pagina 52

note

sulla punta dello stivale • l'Italia ha la forma di una grande scarpa (stivale). Nella parte finale (sulla punta) c'è la Calabria.

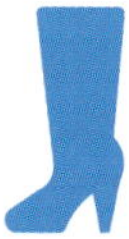

Capitolo IV

traccia 5

Nel vagone ristorante, cinque minuti dopo. Hans ordina un caffè:

– Forte e senza zucchero.

Hans lo prende sempre così, forte e senza zucchero, perché è più buono. Mentre lo beve, Hans osserva gli altri viaggiatori: ci sono molti tedeschi, soprattutto famiglie con bambini. Ma c'è anche qualche italiano che lavora in Germania e che torna in Italia per le vacanze.
Hans pensa ai suoi viaggi: a sedici anni è andato in Inghilterra, a diciotto in Francia, ora, a ventitré anni, va in Italia.
Prima di partire ha lasciato il suo lavoro al porto di Amburgo: "È troppo duro", ha detto al signor Henze, il direttore della società portuale. Quando tornerà in Germania, cercherà un altro lavoro.

Capitolo V

traccia 6

Qualche ora dopo.
Hans ha bevuto altri caffè. È rimasto a pensare. Ha osservato a lungo il paesaggio fuori dal finestrino. La campagna tedesca è molto bella. Adesso ha deciso di tornare da Francesca.
Quando entra nello scompartimento, Francesca sta ancora dormendo.

▸ note

paesaggio • panorama, vista *Dalla finestra della mia camera vedo un bel paesaggio.*
scompartimento • parte del vagone del treno *Nel vagone del treno ci sono otto scompartimenti, in ogni scompartimento ci sono sei posti.*

Ci sono due nuovi passeggeri: sono italiani, ma Hans non capisce i loro discorsi. Allora decide di leggere il giornale.

– Buonasera, signori. I vostri passaporti, prego.

È la polizia di frontiera.

– Passaporti? Ma dove siamo... che ore sono?
– Sono le sei, Francesca. Siamo in Austria. Hai dormito tutto il pomeriggio. Ecco il mio passaporto, signore...
– Grazie. Il suo, signorina?
– Eccolo.
– Avete niente da dichiarare?
– No, niente.
– E voi, signori?

I due italiani non capiscono.

– Ho detto se avete qualcosa da dichiarare – ripete il poliziotto.
– Sono italiani – dice Francesca – Non parlano tedesco.
– Sì, è vero. I loro passaporti sono italiani.
– Puoi tradurre tu, Francesca. Tu parli bene italiano.
– No, Hans... poi ti spiego...
– Che cosa mi devi spiegare? Non parli italiano?
– No... È meglio che...
– Non importa – dice il poliziotto – I signori non hanno valigie. Va bene così... arrivederci e buon viaggio.

Esce.

– Hans, mi accompagni a prendere un caffè?
– Sì, così mi spieghi questa storia.

note

mi accompagni (inf. accompagnare) • venire (o andare) con qualcuno *Mi accompagni a Roma? = Vieni con me a Roma?*

Capitolo VI

traccia 7

Hans e Francesca escono dallo scompartimento. Attraversano il treno.

– Senti, Hans... Ti devo parlare... Quei due signori...
– Chi, i due italiani?
– Sì, sono saliti a Stoccarda, quando tu sei andato al vagone ristorante.
– E allora, che cosa è successo?
– Ascolta... Quando sono entrati mi sono svegliata e non ho più dormito.
– Ma come! Non hai dormito tutto il pomeriggio?
– No. Ho provato a dormire, ma loro hanno cominciato a parlare. Così ho tenuto gli occhi chiusi per ascoltare...
– Io non ho capito niente. Il loro italiano è incomprensibile.
– Sono napoletani, Hans. Parlano il dialetto.
– È vero! Parlano come nelle canzoni dei 99 Posse.

Ora Hans e Francesca sono nel vagone di prima classe.

– Oh guarda, c'è Grusser. Vuoi parlare con lui?
– Lascia perdere, Hans. Andiamo nel vagone ristorante. Poi ti spiego...

fai gli ESERCIZI
vai a pagina 53

Capitolo VII

traccia 8

Nel vagone ristorante, poco dopo. Hans e Francesca fanno la fila per ordinare.

– Che cosa vuoi?
– Un caffè. E tu?
– Io prendo una birra. Ho bevuto troppi caffè, oggi.
– Va bene. Cerca un tavolo libero. Io pago e arrivo subito.

Hans si siede ad un tavolo, vicino al finestrino. Dopo un minuto arriva Francesca, con il caffè e la birra.

– Grazie. Allora, che cosa mi devi dire?
– Hans, i due italiani seduti vicino a noi sono due camorristi.
– Camorristi? E chi sono i camorristi?
– Non ricordi? La camorra, la 'ndrangheta...
– Ah sì, la camorra è la mafia di Napoli... Vuoi dire che sono due mafiosi?
– Esatto.
– E tu come lo sai?
– Ho sentito i loro discorsi. Ti ho detto che non ho dormito...
– Ma allora tu capisci l'italiano?
– Certo. Mio padre è di Napoli, te l'ho detto. Capisco anche il napoletano.
– Ma prima, con la polizia...
– Hans... Prima non ho voluto parlare, quei due non devono sapere che io ho capito...
– D'accordo. E che cosa hanno detto?
– Hanno parlato del processo Passalacqua.
– Chi è Passalacqua?

note

processo • azione giudiziaria, pubblica discussione che si fa per giudicare qualcuno
Il processo ha giudicato che quest'uomo è innocente.

– È il capo della camorra. È stato arrestato un mese fa in Italia. Ora è stato condannato a trent'anni di prigione. Quei due hanno detto che devono fare qualcosa...
– Vogliono liberare Passalacqua?
– Non lo so, hanno detto che anche Carosi è d'accordo...
– Carosi? E chi è?
– Non lo so, Hans, non lo so. Forse è il nuovo capo della camorra.
– Passalacqua... Carosi... Capo della camorra... Mi sembra di essere in un film. E poi, che cosa hanno detto ancora?
– Hanno detto che Grusser fa il doppio gioco.
– Che cosa vuol dire?
– Vuol dire che è un loro amico. Capisci Hans? Grusser lavora per la mafia!
– Come... anche Grusser è un camionista?
– Si dice camorrista, Hans... Camorrista... Il camionista è l'uomo che guida il camion.
– Va bene, camorrista. Come è possibile? Grusser è famoso per la lotta alla mafia...
– E invece è un mafioso. Senti, dobbiamo fare qualcosa.
– E che cosa vuoi fare?
– Forse Grusser va in Italia per incontrare il nuovo capo della camorra, forse preparano qualcosa...
– O forse tu leggi troppi libri gialli... Grusser è un poliziotto famoso. E quei due non sono due camorristi, ma solo due italiani che non capiscono il tedesco. Torniamo al nostro posto, adesso.
– Come vuoi. Ma sono sicura che Grusser è un mafioso.
– Sì, ed io sono Al Capone.

▸ note

è stato arrestato (inf. arrestare) • è stato preso, è stato messo in prigione *Un pericoloso assassino è stato arrestato dalla polizia.*
doppio gioco • fare due cose opposte nello stesso momento *Giorgio fa il doppio gioco, lavora per la polizia e per la mafia.*
libri gialli • libri polizieschi *Agatha Christie ha scritto molti libri gialli.*

Capitolo VIII

traccia 9

Hans e Francesca attraversano il treno. Stanno tornando al loro scompartimento.

– Hans...
– Sì?
– Devo andare in bagno. Vai avanti, io arrivo subito.
– Va bene.

Francesca entra nel bagno. Si lava le mani e la faccia. Quando esce, cinque minuti dopo, Hans è ancora là.

– Ah, mi hai aspettato. Sei gentile.
– No, veramente sono arrivato fino al nostro scompartimento. Ma là ho trovato Grusser insieme ai due italiani. Così sono tornato indietro.
– Hai visto che ho ragione? Grusser è amico dei due mafiosi. Ma tu, perché sei tornato qui?
– Non lo so... Ho avuto paura... I tuoi discorsi...
– Ed ora che cosa facciamo?
– È meglio tornare al nostro posto e fare finta di niente. Forse Grusser ha incontrato due vecchi amici. Che cosa c'è di male?
– Hans, ti ho detto che sono due mafiosi! Perché non mi credi? Ehi, guarda... Sta arrivando Grusser... Ed è insieme a loro... Cerchiamo di scoprire qualcosa.

Capitolo IX

traccia 10

Grusser e i due italiani camminano verso Hans e Francesca. Sembrano discutere.

– Buonasera, signor Grusser.
– Buonasera, signorina. Lei mi conosce?
– Sì, sono una giornalista. Non si ricorda di me? Sono venuta da Lei per un'intervista, una volta...
– Ah sì, ora ricordo... Lei è la signorina...
– Francesca Affatato.
– Sì... Sì... Francesca Affatato... Certo... Mi ricordo... Lei è italiana, non è vero?
– No, mio padre è italiano. Io sono tedesca. E questo è il mio amico Hans. Hans...
– Lubber. Hans Lubber.
– Piacere. Ho incontrato questi due amici italiani e sto andando a bere un caffè con loro. Non parlano tedesco.
– Lo sappiamo. Sono nel nostro scompartimento.
– Davvero? Che combinazione!
– Va in Italia per un'indagine sulla mafia, signor Grusser?
– Come?.. Ah sì... Il lavoro... Sempre il lavoro... Una missione di due giorni... E voi, che cosa andate a fare in Italia?
– Andiamo a imparare l'italiano.
– Imparare l'italiano? Ma... Lei non lo parla, signorina? Con un padre italiano...
– Beh, no... Sì... Cioè...
– Non ricordi più niente, non è vero Francesca? Spiega al signor Grusser...
– Sì, certo... L'ho imparato da piccola, ma ora ho dimenticato tutto...

▸ note

combinazione • caso, coincidenza *Paolo è andato a Londra e per combinazione ha incontrato Giovanni.*

Sono molti anni che non vado in Italia... Mio padre parla sempre in tedesco...
– Ah, capisco...
– Non ricorda più niente – ripete Hans – Ha dimenticato tutto. Anche il napoletano!
– Hans, ma che dici... Io non ho mai parlato il napoletano...
– È vero, che stupido. Tuo padre è di Milano...
– Già, è un milanese.

Il treno si ferma.

– Che succede? Perché ci fermiamo?
– Siamo al Brennero – spiega Grusser – È la frontiera tra l'Austria e l'Italia. Il treno si ferma venti minuti.
– È vero, è la frontiera. Vuoi scendere con me, Hans?
– D'accordo. Arrivederci signor Grusser.
– Arrivederci. Attenti a non perdere il treno.

Grusser va via con i suoi amici. Hans e Francesca scendono.

fai gli ESERCIZI
vai a pagina 54

Capitolo X

traccia 11

Stazione del Brennero.

– Secondo te ha capito che io parlo italiano?
– Non lo so, spero di no. Ora non voglio più pensare a questa storia. Guarda, c'è un bar.

Il bar della stazione è ancora aperto. Vende bibite, panini e pizze.

▸ note

bibite • cose da bere, sostanze non alcoliche *La coca cola e la limonata sono bibite.*

– Che cosa vuoi?
– Un panino, grazie.
– Io prendo una pizza. Lascia chiedere a me. Voglio provare a parlare italiano.
– Hans, qui parlano anche tedesco...
– Non siamo in Italia?
– Certo, ma la gente è tedesca ancora per cento chilometri.
– Ma allora chi parla italiano in Italia? A Napoli parlano napoletano, qui parlano tedesco...

Francesca ride. Poi ordina un panino e una pizza.

– Hai visto? Parlano tedesco.
– Hai sempre ragione tu.
– Ecco... Prendi la tua pizza.

Mentre mangiano, Hans e Francesca tornano verso il treno.

– Hans, ti devo dire una cosa.
– Che cosa c'è ancora? No, aspetta... Ho capito... Il barista è un camorrista...
– Non scherzare... Senti, io non voglio dormire con quei due, stanotte. Cambiamo posto.
– D'accordo. Ora prendiamo le valigie e cerchiamo un altro scompartimento. Il treno è quasi vuoto.

Capitolo XI

traccia 12

In treno, subito dopo.

– Non sono ancora tornati.
– Svelto, prendiamo le valigie e andiamo via... Che cosa c'è? Perché mi guardi così?
– È incredibile. Io sono venuto in Italia per suonare il sassofono, andare al mare e innamorarmi di una bella ragazza con gli occhi neri, e invece...
– E invece?
– Invece mi ritrovo in una storia di polizia e di mafia...
– Vuoi dire che è colpa mia?
– No, però...
– Dai Hans, non perdiamo tempo. Andiamo via.
– Va bene.

Cercano un altro scompartimento.

– Questo posto ti piace?
– Sì, ma chiudiamo la porta... Così non può entrare nessuno.
– Ecco fatto.

Il treno riparte.

▸ note

è colpa mia • sono io il responsabile, sono io la causa di... *È colpa mia, ho ucciso io quest'uomo.*

Capitolo XII

traccia 13

– Senti, Hans... Tu dove vai quando arrivi a Napoli?
– Non lo so. Il primo giorno penso di andare in albergo. Poi voglio trovare una stanza in un appartamento in affitto. Perché?
– Perché sto pensando che la casa di mia nonna è vuota. Io vado là. Beh, dopo pensiamo anche a questo, d'accordo?
– D'accordo. È una casa grande?
– No, è molto piccola. È un basso.
– Che cos'è un basso?
– È un appartamento con la porta sulla strada. È la tipica casa dei quartieri popolari.
– E tua nonna? Non ci abita più?
– No, adesso è vecchia. Sta con i miei zii. Anche loro abitano a Napoli.
– Allora la casa è libera?
– Sì, te l'ho detto!
– Aspetta, prendo la carta di Napoli. Così mi fai vedere dov'è.

Hans apre la valigia e prende la carta della città.

– Dov'è?
– È qui in centro vicino al San Carlo e alla Galleria.
– Che cosa sono il San Carlo e la Galleria?
– Ma non hai letto niente di Napoli?
– No, il libro che ho usato a scuola quest'inverno parla solo di Roma, Firenze e Venezia.
– Va bene. Quando arriviamo ti faccio conoscere Napoli. È una bellissima città. Adesso dormiamo.
– Va bene, dormiamo. Buonanotte Francesca.
– 'notte Hans.
– Che cosa c'è?
– Fa un po' freddo...
– Vuoi la mia giacca?
– Forse voglio te e non la tua giacca... Dai Hans, vieni vicino a me...

Anche se non ho gli occhi neri...

– Beh, non hai gli occhi neri... E forse questo è un sogno... Ma tu sei davvero un angelo...

– Domani sera, allora, suonerai una serenata per il tuo angelo...

fai gli ESERCIZI
vai a pagina 55

Capitolo XIII

traccia 14

Notte. Stazione di Firenze. Il treno si ferma.
Alcuni passeggeri scendono. Altri salgono. C'è molta confusione. Nel loro scompartimento, Hans e Francesca si svegliano.

– Che cosa succede? Dove siamo?

– Aspetta che guardo...

Francesca si alza e accende la luce.

– Siamo a Firenze.

– Ancora? Ma quando arriviamo a Napoli?

– Non lo so. Ehi, guarda Hans... Grusser sta scendendo...

Hans si alza.

– È vero. È insieme ai due italiani.

– Sì, sono loro. Ma perché Grusser ha una valigia così grande?

Grusser è sceso dal treno con una valigia molto grande. Per portarla chiede aiuto ai due italiani.

– Hai visto? Non riesce a portarla da solo. Tutto questo è molto strano...

– Perché è strano?

▸ note

serenata • canzone d'amore *Romeo canta una serenata a Giulietta.*

– Ma non capisci? Grusser ha detto che resta in Italia solo due giorni!
– E allora?
– Quella è una valigia sufficiente per due mesi... Non è normale, Hans...
– Hai ragione. Ma forse Grusser ha portato molti vestiti, o forse resta più di due giorni... Non lo so... Ora ho sonno, voglio dormire.

Hans ritorna al suo posto.

– Ma Hans, come puoi dormire... Dobbiamo fare qualcosa... Forse c'è un cadavere in quella valigia!
– Tu sei proprio matta. Prima i camorristi, ora il cadavere... E secondo te chi hanno ucciso, il controllore?
– Ti ho detto di non scherzare.
– Dai, vieni qui... Domani saremo a Napoli e dimenticheremo tutto.
– D'accordo. Forse hai ragione tu. Leggo troppi libri gialli.

Il treno riparte.

note ◂

cadavere • il corpo di un morto *Nella casa, la polizia ha trovato il cadavere di un uomo.*

Capitolo XIV

traccia 15

Stazione di Napoli, la mattina dopo.
Hans e Francesca scendono dal treno.

– Che caldo! Mi devo togliere subito le calze di lana e il maglione...
– Qui al sud fa caldo, non lo sai? Non siamo in Germania. Guarda... Il termometro segna ventidue gradi...
– Ventidue gradi... Alle nove e mezza di mattina...
– Coraggio, Hans. Con due fermate della metropolitana siamo arrivati a casa.
– Allora posso venire a casa tua?
– Certo. Mi devi suonare la serenata stasera.
– Stasera suono ma ora voglio fare una doccia e poi una passeggiata.
– Va bene. Aspetta un momento.... Compro i biglietti della metropolitana.

Francesca entra in un bar. Ritorna con due biglietti.

– Quanto costano?
– Mille lire.

▸ note

mille lire • nel 1993, anno in cui si svolge il racconto, la lira era la moneta ufficiale italiana. Viene sostituita dall'euro nel 2001.

Capitolo XV

traccia 16

Nella metropolitana, tra la gente.
Hans e Francesca ascoltano una discussione.

– Che cosa dicono? Non capisco...
– Dopo, Hans... Dopo... Fammi sentire...

Alcuni passeggeri stanno parlando di un attentato. Nella notte è esplosa una bomba a Firenze, dentro il museo degli Uffizi... Ci sono stati molti feriti... Quadri di Leonardo, di Raffaello e di altri maestri del Rinascimento italiano sono stati distrutti... Una parte del museo è crollata... Forse è un nuovo attentato della mafia...

– La mafia? Ho capito bene Francesca? Hanno detto la mafia...
– Sì Hans, la mafia. Un attentato... Oh, siamo arrivati. Dobbiamo scendere.

fai gli ESERCIZI
vai a pagina 57

Capitolo XVI

traccia 17

La casa di Francesca è a cinque minuti dalla stazione della metropolitana. Le strade a quest'ora sono piene di gente.

– Che confusione!

note

feriti • vittime di un incidente (ma non morti) *L'attentato al supermercato, ha causato venti morti e trenta feriti.*
è crollata (inf. crollare) • è caduta *Una casa molto vecchia è crollata e dieci persone sono morte.*

– È il centro di Napoli, Hans. È sempre così...
– E la tua casa dov'è?
– È là, in quella strada a destra.
– È una strada piccolissima, davvero la tua casa è là?
– Sì... Ecco... Siamo arrivati.

Entrano.

– Attenzione alla testa, Hans...
– Ahiah!
– Troppo tardi...
– Porca miseria ... Ma perché l'entrata è così bassa?
– È un basso, te l'ho detto... Ma se non ti piace ti posso accompagnare in un albergo...
– No, no, mi piace... Io voglio stare con te... E questa statua chi è?
– È San Gennaro, il santo di Napoli. Ecco... Qui c'è la cucina... Qui le due camere da letto... E qui il bagno... Vuoi fare la doccia per primo?
– Sì, grazie. Sei un angelo.

Capitolo XVII

traccia 18

A casa di Francesca, un quarto d'ora dopo. Hans esce dalla doccia.

– Hai fatto?
– Sì. Puoi andare tu, adesso.
– Aspetta. Voglio sentire la radio. Ci sono le notizie.

"... L'attentato di questa notte al museo degli Uffizi ha provocato *una forte impressione in tutto il mondo. Artisti e intellettuali di tutti i*

▸ note

porca miseria • imprecazione che esprime rabbia, furia *Porca miseria! Ho perso il treno.*
ha provocato (inf. provocare) • ha causato *Il vento forte ha provocato molti incidenti.*

paesi hanno espresso la loro condanna. Purtroppo le opere di Leonardo, Raffaello, Piero della Francesca e di molti altri pittori sono perdute per sempre. Intanto, la polizia continua le indagini, ma le speranze di trovare i colpevoli non sono molte."

– Allora, che cosa dice... È stata la mafia?
– È possibile.
– Secondo me è stato Grusser. È arrivato alla stazione di Firenze questa notte e poi è andato al museo a mettere la bomba. Con i due camorristi e il cadavere nella valigia...
– Hans, non scherzare. Forse è stato davvero Grusser...
– Beh, io vado a fare un giro per Napoli. Vieni anche tu?
– Sì, mi faccio la doccia e arrivo. Ti porto a vedere la Galleria, va bene?
– Va bene. E stasera dove mi porti?
– Ti faccio conoscere i 99 Posse. Andiamo all'Officina.
– Che cos'è l'Officina?
– È una vecchia fabbrica. I gruppi musicali della città suonano là.
– E perché suonano in una fabbrica?
– Non è più una fabbrica. Ora è diventata un centro sociale: un posto dove i ragazzi organizzano concerti, cinema, teatro e altri spettacoli.
– Ho capito, è una fabbrica di artisti.
– Sì Hans, è un po' così.

note ◂

colpevoli • responsabili (autori) di una colpa o di un crimine *La polizia ha trovato i colpevoli.*

Capitolo XVIII

traccia 19

All'Officina, la sera.
Gruppi di ragazzi e ragazze che ballano. Sei musicisti suonano una musica molto allegra.
Hans e Francesca parlano con alcuni amici:

– Ciao Francesca, quando sei arrivata?
– Stamattina. Come stai?
– Bene, grazie. E tu?
– Anch'io. Suonate sempre?
– Sì, abbiamo fatto un nuovo disco. Siamo diventati famosi.
– Sono contenta... Ah, questo è Hans. Viene da Amburgo. È un sassofonista. Ha letto il vostro annuncio su Rockline e ha pensato di venire a Napoli.
– Benvenuto Hans... Parli italiano?
– Sì, un poco.
– Ti piace Napoli?
– Certo, è una città molto bella... Quando posso suonare con voi?
– Domani. Noi stasera non suoniamo. Ora c'è il concerto di un altro gruppo e dopo ci sono dei nostri amici. Se vuoi, puoi suonare con loro.
– D'accordo.
– Allora vieni... Te li presento... Sono là in fondo... Ah, io mi chiamo Marco.

Hans e Marco vanno a conoscere i musicisti.

fai gli ESERCIZI
vai a pagina 58

Capitolo XIX

traccia 20

Francesca saluta gli altri amici:

– Ciao Antonio.
– Ciao Francesca. Sei arrivata oggi?
– Stamattina. Hai sentito della bomba?
– Sì, che disastro...
– Lo sai... Io ho fatto il viaggio con un poliziotto tedesco... Si occupa della lotta alla mafia... Grusser, si chiama... È sceso a Firenze questa notte... E subito dopo è esplosa la bomba.
– Che cosa vuoi dire? Che è stato lui? Un poliziotto?
– Non lo so... La stazione di Firenze è molto vicina al museo degli Uffizi... Sono solo dieci minuti di strada... E Grusser è un amico della camorra...
– E tu come lo sai?
– Ho fatto il viaggio con due camorristi. Ho sentito i loro discorsi. Hanno parlato di lui, del processo Passalacqua...
– Secondo me tu leggi troppi libri gialli...
– Ancora! Ma perché nessuno mi crede?

Arriva Pietro, un altro dei 99 Posse:

– Ehi Francesca, è un tuo amico quel ragazzo alto e biondo che suona il sax?
– Sì, è Hans. Abbiamo fatto il viaggio insieme. Perché?
– È bravo... Davvero.

Hans è sul palco. Sta suonando con un gruppo di musicisti.

– È venuto dalla Germania per suonare con voi.

note

palco • la parte del teatro dove gli artisti cantano o recitano *Il palco del teatro dell'Opera di Parigi è molto grande.*

99 POSSE LIVE

– Noi? Noi chi?
– Voi, i "99 Posse"... Non cercate un sassofonista?
– Sì, certo. Allora ci conoscono anche in Germania?
– Lui vi conosce, ma non capisce le parole delle canzoni.
– È normale, cantiamo in napoletano...
– Francesca! Come stai?

È Claudia, un'altra amica.

– Sto bene, grazie.
– Vieni... Andiamo al bar... C'è anche Aurelia.

Capitolo XX

traccia 21

Due ore dopo.
Il concerto è finito, molti ragazzi sono andati via.
Francesca è al bar. Aurelia sta contando i soldi:

– Cinquecentottanta... Cinquecentonovanta... Seicento... Seicentomila lire, non è male no?
– No. È venuta molta gente.
– Sono stanchissima, stasera. Ho lavorato come una matta.

Arriva Hans.

– Ti sei divertito, Hans? Hai suonato molto bene!
– Grazie, ho suonato per il mio angelo... C'è ancora un po' di birra?
– Certo, bevi... Ti presento Aurelia. Lavora al bar. Quelli invece sono Claudia, Antonio, Pietro e Stefania.
– Ciao a tutti.
– Ehi ragazzi, andiamo a mangiare una pizza?
– Sono le due. È difficile trovare un posto aperto, a quest'ora...
– Ma no... Da Nello è ancora aperto... Possiamo andare...

– Va bene. Abbiamo le macchine?
– Sì, c'è la mia e quella di Pietro.
– Ti va di andare, Hans?
– Certo angelo mio. Con te vado dappertutto.
– Allora andiamo.
– Aspettate, devo chiudere...
– Ehi, aspettate Aurelia...
– Okay, possiamo andare.
– Ma...
– Attenti!
– Quella macchina...
– Hanno la pistola... A terra!

RAT! RAT! BUM! BAM! BEM!

Capitolo XXI

traccia 22

– Antonio, Stefania...
– Siamo qui, come va?
– Bene, e voi?
– Io mi sono fatto la pipì nei pantaloni...
– Aurelia, Francesca, ci siete?
– Sì, stiamo bene.
– Hans... Dove sei, Hans...
– Sono qui, angelo mio. Ma perché ci hanno sparato?

▸ note

dappertutto • in ogni luogo, in tutti i luoghi *Con l'aereo puoi andare dappertutto (in ogni parte del mondo).*

pistola •

hanno sparato (inf. sparare) • usare la pistola *I terroristi ci hanno sparato con una pistola.*

– Sono camorristi.
– E cosa vogliono da noi i camorristi?
– Non lo so, Hans.
– Dai, ragazzi... Andiamo via.

Arrivano due macchine della polizia.

– Oh no! Ora dobbiamo stare tutte la notte a parlare con loro...
– Meglio i poliziotti dei camorristi.
– Sì, come il nostro amico Grusser...
– Lo sai, Francesca, ti conosco da un giorno e ho incontrato solo mafiosi, poliziotti, bombe e pistole: tu sei un pericolo!
– Basta con le discussioni, ragazzi. Date i documenti ai poliziotti.
– Sì, ecco la mia carta d'identità.
– Questo è il mio passaporto.
– Dobbiamo andare tutti al commissariato.
– Va bene. Che serata!

fai gli ESERCIZI
vai a pagina 59

Capitolo XXII

traccia 23

A casa di Francesca, la mattina dopo.

– Sei sveglia, angelo mio?
– Ho sonno, Hans... Dormiamo ancora un po'.
– No. Io voglio andare al mare, poi voglio mangiare il pesce in un buon ristorante e stasera voglio suonare con i tuoi amici.
– Va bene, adesso mi alzo. Accendi la radio, intanto.

"Continuano le indagini sull'attentato al museo degli Uffizi. Secondo gli esperti, i terroristi hanno usato circa cento chili di Pentax, un esplosivo

note

commissariato • stazione di polizia *La polizia ha portato l'assassino al commissariato.*

molto potente. Il capo della polizia Carosi ha dichiarato che le forze dell'ordine faranno il possibile per scoprire i colpevoli e..."

– Hans!
– Sì?
– Hai sentito?
– Sì, continuano le indagini...
– Ma no!... Carosi!... Hai sentito?... È il capo della polizia!
– E allora? Lo conosci?
– Hans... I due camorristi, in treno... Hanno detto: "Anche Carosi è d'accordo"... Capisci adesso? Il capo della polizia italiana è un mafioso!
– Anche lui? Come Grusser?
– Sì, come Grusser... Lo so che è incredibile, ma è così!
– Vuoi sapere la mia opinione? Secondo me tu leggi troppi...
– Basta così, Hans! Non voglio più discutere con te!

Francesca si alza e va in cucina. È arrabbiata. Hans la segue.

Capitolo XXIII

traccia 24

In cucina.

– Scusami...
– No, vai via...
– Dai, non fare così angelo mio... Ti credo... Anche il capo della polizia italiana è un amico della mafia... Va bene... Come si chiama, hai detto?
– Carosi.

▸ note

forze dell'ordine • polizia *Le forze dell'ordine hanno preso i criminali.*

– Carosi? Allora è questo qui, guarda... C'è la sua foto sul giornale di ieri. E un'intervista: "La polizia scoprirà i colpevoli".
– Sì, è lui.
– Okay... Cerchiamo di capire... Grusser è il capo della polizia di Amburgo. È un amico della mafia. Viene in Italia per fare un attentato. Sul treno incontra due camorristi. Scendono tutti e tre a Firenze e mettono la bomba al museo degli Uffizi. Carosi, il capo della polizia italiana, è d'accordo con loro. Dice che scoprirà i colpevoli e invece protegge i suoi amici. Ah, dimenticavo... Grusser ha una valigia molto grande... Forse c'è un cadavere...
– No, non è così Hans. Non c'è un cadavere, nella valigia.
– E cosa c'è, allora?
– L'esplosivo. La radio ha detto che i terroristi hanno usato cento chili di Pentax, un esplosivo molto potente.
– D'accordo. Grusser ha portato l'esplosivo nella valigia. Ma perché tutto questo?
– Come perché...
– Perché hanno fatto questo attentato? E perché la mafia italiana ha chiesto aiuto ad un poliziotto tedesco?
– Non hai capito, allora... Il processo Passalacqua...
– Passalacqua?
– Sì, il capo della camorra. È stato condannato a trent'anni, non ricordi? L'attentato è una vendetta della camorra per la condanna di Passalacqua.
– Ho capito. Ma perché Grusser?
– Perché nessuno sospetta di lui. È un poliziotto famoso. Può trovare l'esplosivo facilmente e viaggiare senza problemi. Nessuno controlla il capo della polizia, alla dogana. E a quest'ora è già tornato in Germania.
– Sì, forse è così...
– Sono sicura, Hans.
– Va bene. Allora andiamo dalla polizia.
– Non possiamo. La polizia è d'accordo con la mafia.

note

vendetta • punizione, reazione.

– Solo Carosi e Grusser, non tutta la polizia.
– Non lo sappiamo. Forse ci sono altri poliziotti che sono dei mafiosi...
– E allora che cosa facciamo?
– Non lo so, Hans.

Suonano alla porta.

– Chi può essere?
– Vai ad aprire.
– Che strano... Non c'è nessuno.
– Guarda... Per terra c'è un biglietto.
– Che cosa c'è scritto?

LA CAMORRA
VI UCCIDERÀ

Capitolo XXIV

traccia 25

All'Officina, la sera.
Ci sono tutti gli amici.

– Ciao Francesca, ciao Hans. Perché avete quelle facce? Che cosa è successo?
– Guardate questo biglietto.
– "La camorra vi ucciderà". Che cosa significa?
– Significa che ci vogliono uccidere. Per questo ieri sera ci hanno sparato.
– Uccidere? Ma perché? Che avete fatto?
– Io e Hans sappiamo chi ha messo la bomba a Firenze.

– Il poliziotto tedesco?
– Sì, lui e i suoi due amici camorristi. Hanno capito che abbiamo sentito i loro discorsi in treno e ora ci vogliono uccidere.
– Se questo è vero, non potete restare qui.
– Sì, la camorra vi troverà.
– E dove andiamo?
– Dovete andare via da Napoli. Subito.

fai gli ESERCIZI
vai a pagina 60

Capitolo XXV

traccia 26

In treno, la notte.

– Dormi, Hans?
– La camorra ci ucciderà...
– Non dire così... Domani saremo a Firenze e tutto sarà finito.
– Ci troverà anche a Firenze. Io non capisco perché vuoi andare là.
– Perché è il posto dell'attentato. La camorra ci cercherà dappertutto, ma non là. E poi Firenze è una bella città.
– Io non ho voglia di fare il turista.
– Vedrai, ti piacerà... Domani ti porto a vedere il Ponte Vecchio e Santa Maria Novella... E la sera andiamo a mangiare la ribollita...
– Che cos'è la ribollita?
– È una zuppa con il pane e la verdura. È buonissima in questa stagione.
– E va bene. Il mio angelo ha sempre ragione.

Capitolo XXVI

traccia 27

Firenze, il giorno dopo.
Le strade sono piene di turisti. Durante tutto l'anno americani, giapponesi e tedeschi vengono a visitare le bellezze artistiche della città. Anche Hans e Francesca sembrano due turisti.

– Hai visto, Hans? Firenze è stupenda.
– Sì, ma io sono stanco. Queste valigie sono pesantissime...
– Adesso cerchiamo un albergo. Ne conosco uno sul Lungarno Vespucci... Guarda Hans, quella chiesa è Santa Maria Novella. È un esempio di architettura gotica...
– Lo so. L'ho studiata a scuola, quest'inverno. C'è una foto sul libro d'italiano. È lontano l'albergo?
– Aspetta, domando a questa signora... Scusi signora, è lontano il Lungarno Vespucci?
– Vada avanti signorina, poi giri a destra e quando arriva all'Arno ancora a destra.
– Grazie, arrivederci.

Capitolo XXVII

traccia 28

Dieci minuti più tardi, nella hall dell'albergo...

– Avete una camera doppia per stanotte?
– Certo, signorina. Con o senza bagno?
– Con bagno.
– D'accordo. Mi dia il suo passaporto e scriva i suoi dati anagrafici su questa scheda. Anche il suo amico.
– Hai capito, Hans? Devi scrivere il tuo nome, il cognome, la data di nascita e l'indirizzo.
– In italiano?
– No, va bene anche in tedesco.
– Ecco fatto.
– Grazie.
– Ci dia una buona camera, eh?
– La 312. Ha una bellissima vista sulla città.
– Vieni Hans...
– Finalmente. Voglio fare subito la doccia e non pensare più alla mafia.
– Ma qui non c'è la mafia, Hans... Non è vero, signor albergatore?
– La mafia?
– Sì, la mafia... La bomba al museo degli Uffizi... Il mio amico ha paura di un altro attentato.
– State tranquilli, qui non ci sono mafiosi. Abbiamo solo clienti scelti, come il signor Grusser...
– Grusser?
– Sì, il capo della polizia di Amburgo. Ha la camera vicino alla vostra.

note

dati anagrafici • il nome, il cognome e la data di nascita *Sul passaporto ci sono i miei dati anagrafici.*
scelti • selezionati, di buona qualità *In questo ristorante hanno solo vini scelti.*

Capitolo XXVIII

traccia 29

Nella camera, poco dopo.
Hans è sul letto, Francesca è in piedi vicino alla finestra.

– Dobbiamo andare via, Francesca. Grusser è qui. Adesso mi faccio la doccia e poi cerchiamo un altro albergo.
– È molto strano...
– Che cosa?
– Perché Grusser è ancora a Firenze? L'albergatore ha detto che è qui da due giorni.
– Allora non è stato lui a sparare l'altra notte...
– No, sono stati i suoi amici. Ma non capisco... Perché Grusser non è ancora tornato in Germania?
– Forse ha paura che noi parliamo con la polizia.
– O forse prepara un altro attentato... Ehi, guarda Hans... Non è Grusser quello?
– Dove?
– Là, sta uscendo dall'albergo.
– Sì, è lui.

Grusser attraversa la strada e gira a sinistra. Va verso il centro della città.

– Senti Hans, dobbiamo scoprire perché è rimasto a Firenze.
– Io non voglio scoprire niente. Adesso mi faccio la doccia e poi andiamo via.
– Ma Hans...
– Non dire niente.. Tra dieci minuti andiamo via, va bene?
– Va bene, Hans.

fai gli ESERCIZI
vai a pagina 63

Capitolo XXIX

traccia 30

Cinque minuti dopo.
Francesca apre la finestra. Sulla sinistra, a un metro di distanza, c'è la finestra della camera di Grusser. C'è anche un piccolo balcone.
"Devo provare" – pensa Francesca – "Ora Hans è sotto la doccia".
Con un salto, Francesca è sul balcone. La finestra è aperta, non è difficile entrare.
Dentro la camera di Grusser c'è una grande confusione: i vestiti sono sul letto, la valigia è per terra, vicino all'armadio.
"E questo che cos'è?"
Ora Francesca è accanto al tavolo. Guarda un foglio con dei disegni.
"Ma certo! La pianta del museo degli Uffizi!"
All'improvviso, si sente un rumore. Sta arrivando qualcuno.
"È Grusser!"
Francesca si nasconde sotto il letto. Subito dopo, Grusser apre la porta. Ha dimenticato il portafoglio.
Grusser prende un paio di pantaloni dal letto e guarda nelle tasche: non c'è niente. Poi prende una giacca: il portafoglio è nella tasca destra.
In questo momento squilla il telefono.

– Pronto? Come?... Non sono più a Napoli?.. E dove sono allora?... Non mi interessa, non è colpa mia... Io voglio i miei soldi... Stasera... Sì, va bene, a mezzanotte... Nella chiesa di Santa Croce... D'accordo, a stasera ...

Grusser esce.

note

salto • *Carl Lewis ha fatto un salto di 8 m e 97 cm.*

si nasconde (inf. nascondersi) • esce dalla vista, diventa invisibile *Il sole si nasconde dietro le nuvole.*

Capitolo XXX

traccia 31

Nella camera di Hans e Francesca, subito dopo.
Francesca entra dalla finestra.

– Hans...

Hans sta uscendo dalla doccia.

– Sì?
– Sono stata da Grusser. Lui ed i suoi amici sanno che noi non siamo più a Napoli.
– Eh!?
– Sì, ho sentito una telefonata... Quando lui è entrato, mi sono nascosta sotto il letto e...

Francesca racconta ad Hans la sua avventura.

– Tu sei matta...
– Senti Hans, dobbiamo andare a Santa Croce... Nella chiesa... A mezzanotte Grusser ha un appuntamento con qualcuno e...
– Cosa? Noi non andiamo in nessuna chiesa, Francesca. Adesso usciamo da questo albergo e prendiamo il primo treno per Amburgo.
– Ma Hans... Dobbiamo scoprire chi deve incontrare Grusser...
– Ho detto di no. Noi non andremo in nessuna chiesa. È chiaro?
– Sì, Hans.

Capitolo XXXI

traccia 32

Chiesa di Santa Croce, ore ventiquattro.

– Non capisco perché mi lascio sempre convincere.
– Perché mi ami, Hans.
– È vero, angelo mio. È la più incredibile storia d'amore della mia vita.
– Anche per me, Hans... Ehi, è mezzanotte e non è ancora venuto nessuno...
– Sei sicura di aver capito bene?
– Certo. Grusser ha detto a mezzanotte, dentro la chiesa.
– Chi deve incontrare?
– Non lo so. Grusser ha detto che vuole i suoi soldi...
– Forse la camorra deve pagare Grusser per l'attentato...
– Sì, forse è così.
– Lo sai che questa chiesa è molto bella?
– È in stile gotico, come Santa Maria Novella.
– Sul mio libro c'è scritto che qui ci sono le tombe degli italiani famosi...
– È vero, c'è la tomba di Michelangelo, di Galileo e di Machiavelli... A me fa un po' paura... Guarda Hans, arriva qualcuno... È Grusser...
– Sì, è lui. Che cosa fa?
– Andiamo più vicino, per vedere meglio...
– No, stai ferma... Resta qui... Arriva qualcun altro. È un uomo con una borsa.
– Ma quello... Quello è Carosi!

Grusser e Carosi si incontrano al centro della chiesa. Cominciano a discutere. Carosi dà la borsa a Grusser. Grusser la apre e guarda dentro: ci sono i soldi.

note

convincere • persuadere *Io sono sicuro delle mie idee, tu non mi puoi convincere.*

– Hai visto? Ha dato la borsa a Grusser.
– Sì, e Grusser sta contando i soldi... Ma perché Carosi urla? Guarda, ha una pistola...
– Sì... Anche Grusser... Aiuto Hans!

RAT! RAT! BUM! BAM! BENG! BUNG!

Capitolo XXXII

traccia 33

– Hans?
– Sono qui, angelo mio. È finita?
– Sì, guarda....

Grusser e Carosi sono a terra. Morti. C'è sangue dappertutto.

– Carosi ha ucciso Grusser...
– E Grusser ha ucciso Carosi...
– Sì... E qui... Qui ci sono almeno due miliardi di lire...
– Quanti sono due miliardi di lire?
– Sono tanti, Hans... Tantissimi...

Capitolo XXXIII

traccia 34

Roma, aeroporto Leonardo da Vinci. Il giorno dopo.
Hans e Francesca salgono sull'aereo.

– Sono questi i nostri posti?
– Sì, sono questi.
– Senti Francesca, io non ho ancora capito... Perché Carosi ha sparato a Grusser?
– È chiaro, Hans...

Francesca spiega:

– Dopo la condanna di Passalacqua, Carosi diventa il nuovo capo della camorra. Dice a Grusser di organizzare l'attentato al museo degli Uffizi. Per questo lavoro, gli promette molti soldi. Allora Grusser, con i due camorristi, mette la bomba al museo. Ma fa molti errori, ed io e te scopriamo tutto...
– Per questo la camorra decide di ucciderci...
– Sì, e decide di uccidere anche Grusser.
– Perché?
– Perché il suo lavoro non è stato perfetto... Grusser ha fatto molti errori... Ha lasciato dei testimoni...
– Ho capito. Carosi va nella chiesa di Santa Croce per uccidere Grusser, non per pagarlo.
– Sì. Carosi dà i soldi a Grusser. Mentre Grusser conta i soldi, Carosi gli spara. Ma anche Grusser ha una pistola e...
– ...anche lui spara e tutti e due muoiono.
– Esatto.
– Adesso è chiaro. Guarda Francesca, l'aereo parte...

▸ note

testimoni • persone che vedono qualcosa d' importante *Due testimoni hanno visto l'incidente.*

Il comandante e l'equipaggio del volo Roma – Rio de Janeiro vi augurano un buon viaggio. Vi pregano di allacciare le cinture di sicurezza e di non fumare. Grazie.

– Allacciare le cinture... Ecco fatto... Senti Francesca, c'è la mafia in Brasile?
– Non lo so, Hans. Spero di no. Dove sono i soldi?
– Sono qui, nella borsa... Quando arriviamo a Rio mi voglio fare subito un bagno...
– Hans...
– Sì?
– Vieni qui, abbracciami.
– Certo, angelo mio.

FINE

fai gli ESERCIZI
vai a pagina 63

SCHEDA CULTURALE Cos'è la mafia?

La mafia è un'organizzazione criminale. È nata nel XIX secolo nelle campagne della Sicilia. Nei primi anni del secolo, milioni di italiani emigrano negli Stati Uniti. In questo modo la mafia arriva in America. In pochi anni la mafia americana (*Cosa nostra*) diventa molto forte in alcune grandi città come New York e Chicago.
Dopo la seconda guerra mondiale (1939-1945) nasce la mafia moderna: i boss mafiosi controllano molte delle attività economiche, sociali e politiche della Sicilia. I politici, i giudici, i giornalisti, i commercianti, gli industriali e i normali cittadini che non accettano il potere mafioso spesso sono uccisi: nel 1992, *Cosa nostra* uccide in pochi mesi il giudice Giovanni Falcone e il suo collega Paolo Borsellino. I due giudici erano impegnati nel processo che stava portando a numerosi arresti, anche nel mondo della politica.

Giovanni Falcone e Paolo Borsellino

In quegli anni il governo fa leggi più severe contro la mafia e grazie a cittadini e imprese nascono diversi movimenti antimafia, non solo locali (Addiopizzo), ma anche nazionali (Libera).
La mafia moderna è però un'organizzazione internazionale: compra la droga in oriente e in Sud America e commercia con tutti i paesi del mondo. Grazie alla droga la mafia guadagna milioni di dollari ogni anno. A fianco della mafia, nel Sud Italia esistono altre organizzazioni criminali: la *camorra* a Napoli, la *'ndrangheta* in Calabria e la *sacra corona unita* in Puglia.

ESERCIZI Prologo

1 • Scegli la frase giusta.

1. Francesca è
- ☐ a. in Germania.
- ☐ b. in Brasile.
- ☐ c. in Italia.

2. Hans è
- ☐ a. in spiaggia.
- ☐ b. in treno.
- ☐ c. alle prove.

3. Francesca e Hans si sono conosciuti
- ☐ a. in spiaggia.
- ☐ b. ad Amburgo.
- ☐ c. alle prove.

2 • Completa il testo con le parole della lista.

ci siamo conosciuti	è	pensi
sapevo	senti	vi siete conosciuti

– ______________________ ma... non ______________________ mai all'Italia?
– Certo, soprattutto a Napoli.
– È lì che ______________________ tu e Hans?
– No, ______________________ ad Amburgo... o meglio, ci siamo conosciuti in treno, in viaggio verso Napoli.
– Davvero? Non lo ______________________.
– Eh, eh... ______________________ una storia lunga...

ESERCIZI Capitoli I - II - III

1 • Vero o falso?

	V	F
a. Hans va a Napoli per fare un corso di sassofono.	☐	☐
b. Grusser è alla stazione di Amburgo.	☐	☐
c. Francesca va in vacanza a Napoli.	☐	☐
d. Hans ha studiato italiano in Germania.	☐	☐
e. Francesca ha dormito poco.	☐	☐
f. Hans ha fatto una festa per salutare gli amici.	☐	☐

2 • Scegli l'opzione corretta.

– Scusa è libero questo __________?

– Sì, non c'è nessuno.

– Allora __________________ siedo qui, vicino a te. Mi chiamo Hans. Vado a Napoli.

– Piacere, io sono Francesca. _____________ io vado a Napoli.

– Sei italiana?

– Un po'. Mia __________________ è tedesca e mio padre è italiano. Ma io sono __________________ in Germania.

– Ho capito. E ora vai in Italia per le vacanze.

– No. Vado in Italia per lavoro. Sono una giornalista. Devo scrivere qualcosa sulla mafia.

– Ah sì? Lo __________________ chi c'è su questo treno?

– No, chi c'è?

– Grusser, il capo della polizia. __________________ conosci?

– Certo. Una volta __________________ ho anche intervistato. Si occupa della lotta alla mafia. Ma come fai a sapere che viaggia su questo treno?

– __________________ ho visto salire. È in prima __________________.

ESERCIZI Capitoli IV - V - VI

1 • Scegli la frase giusta.

1. Hans prende
   - ☐ a. un caffè amaro.
   - ☐ b. un caffè corretto.
   - ☐ c. un cappuccino.

2. Quando Hans torna nello scompartimento
   - ☐ a. Francesca non c'è.
   - ☐ b. c'è un poliziotto.
   - ☐ c. ci sono due nuovi viaggiatori.

3. Francesca vuole
   - ☐ a. prendere un caffè.
   - ☐ b. dormire.
   - ☐ c. parlare con la polizia di frontiera.

4. Francesca si è svegliata
   - ☐ a. in Austria.
   - ☐ b. a Napoli.
   - ☐ c. a Stoccarda.

2 • Completa il testo con i verbi al presente o al passato prossimo.

Mentre (*bere*) ________________ il caffè, Hans (*osservare*) ________________ gli altri viaggiatori: (*esserci*) ________________ molti tedeschi, soprattutto famiglie con bambini. Ma (*esserci*) ________________ anche qualche italiano che (*lavorare*) ________________ in Germania e che (*tornare*) ________________ in Italia per le vacanze.
Hans (*pensare*) ________________ ai suoi viaggi: a sedici anni (*andare*) ________________ in Inghilterra, a diciotto in Francia, ora, a ventitré anni, (*andare*) ________________ in Italia.
Prima di partire (*lasciare*) ________________ il suo lavoro al porto di Amburgo: "(*Essere*) ________________ troppo duro", (*dire*) ________________ al signor Henze, il direttore della società portuale.

ESERCIZI Capitoli VII - VIII - IX

1 • Vero o falso?

	V	F
a Francesca beve una birra.	☐	☐
b. Francesca capisce il dialetto napoletano.	☐	☐
c. La mafia di Napoli si chiama Camorra.	☐	☐
d. I due italiani conoscono Hans.	☐	☐
e. Grusser va nello scompartimento di Hans e Francesca.	☐	☐
f. Il padre di Francesca è milanese.	☐	☐

2 • Scegli l'opzione corretta.

– Buonasera, signor Grusser.
– Buonasera, signorina. Lei **mi conosce/mi conosci/ti conosco**?
– Sì, sono una giornalista. Non **ricordi/si ricordi/si ricorda** di me? Sono venuta da Lei per un'intervista, una volta...
– Ah sì, ora ricordo... Lei è la signorina...
– Francesca Affatato.
– Sì... Sì... Francesca Affatato... Certo... Mi ricordo... **Lei è/Tu sei/Lei sei** italiana, non è vero?
– No, **mio padre/il mio padre/lo mio padre** è italiano. Io sono tedesca. E questo è **il mio amico/lo mio amico/mio amico** Hans. Hans...
– Lubber. Hans Lubber.
– Piacere. Ho incontrato questi due amici italiani e **stanno andando/sto andare/sto andando** a bere un caffè con loro. Non parlano tedesco.
– Lo sappiamo. Sono **in/nel/di** nostro scompartimento.

ESERCIZI Capitoli X - XI - XII

1 • Scegli la frase giusta.

1. Al bar della stazione Hans prende
   - ☐ a. un panino.
   - ☐ b. una pizza.

2. Francesca non vuole
   - ☐ a. viaggiare con Hans.
   - ☐ b. dormire con i due italiani.

3. Al bar in Italia parlano
   - ☐ a. anche tedesco.
   - ☐ b. solo italiano.

4. Hans
   - ☐ a. conosce Napoli.
   - ☐ b. non conosce Napoli.

2 • Completa il testo con le parole della lista.

stanza	porta	basso	appartamento
quartieri	casa		

– Il primo giorno penso di andare in albergo. Poi voglio trovare una ___________ in un ___________ in affitto.
Perché?
– Perché sto pensando che la ___________ di mia nonna è vuota. Io vado là. Beh, dopo pensiamo anche a questo, d'accordo?
– D'accordo. È una casa grande?
– No, è molto piccola. È un ___________.
– Che cos'è un basso?
– È un appartamento con la ___________ sulla strada. È la tipica casa dei ___________ popolari.
– E tua nonna? Non ci abita più?
– No, adesso è vecchia. Sta con i miei zii. Anche loro abitano a Napoli.

Napoli

La città di Napoli è ricca di monumenti e luoghi storici. Vediamo i più importanti:

Teatro di San Carlo
È il più antico teatro d'opera del mondo ancora attivo (è stato fondato nel 1737) e uno dei più grandi teatri all'italiana della penisola. Può ospitare infatti più di duemila spettatori.

Piazza del Plebiscito
Uno dei simboli della città di Napoli, la piazza è una delle più grandi d'Italia: da sempre ha ospitato feste e grandi eventi popolari, ma solo dopo il 1800 ha iniziato ad avere la forma che ha ancora oggi.

Galleria Umberto I, costruita a fine '800, è un edificio monumentale ed elegante. Qui si può gustare un buon caffè nei bar, guardare le vetrine dei negozi, incontrare gli amici.

Castel Nuovo
(o **Maschio Angioino**)
Un altro simbolo di Napoli è questo castello medievale che domina la città dal mare, iniziato nel 1266 quando il re Carlo d'Angiò decide di spostare la capitale del suo regno da Palermo a Napoli.

ESERCIZI Capitoli XIII - XIV - XV

1 • Vero o falso?

	V	F
a. Grusser scende a Firenze.	☐	☐
b. I due italiani hanno delle valigie molto pesanti.	☐	☐
c. Hans va a dormire a casa di Francesca.	☐	☐
d. Hans e Francesca prendono la metropolitana.	☐	☐
e. A Napoli è esplosa una bomba.	☐	☐

2 • Ricomponi le frasi.

a. Alcuni passeggeri stanno parlando
b. Nella notte è esplosa
c. Quadri dei grandi maestri del Rinascimento
d. Una parte del museo
e. Forse è un nuovo

1. sono stati distrutti.
2. è crollata.
3. di un attentato.
4. attentato della mafia.
5. una bomba a Firenze.

L'attentato in via dei Georgofili

È la notte tra il 26 e il 27 maggio del 1993: a Firenze, proprio accanto alla Galleria degli Uffizi, esplode una bomba dentro un'auto lasciata in via dei Gergofili. Muoiono 5 persone, e circa 40 rimangono ferite.
Questo è solo l'ultimo di una serie di attentati. *Cosa nostra* decide di colpire la ricchezza più preziosa e importante dell'Italia: il suo patrimonio artistico.

ESERCIZI Capitoli XVI - XVII - XVIII

1 • Scegli la frase giusta.

1. La casa di Francesca è
   - ☐ a. in centro.
   - ☐ b. in periferia.
2. Hans vuole
   - ☐ a. andare in albergo.
   - ☐ b. restare a casa di Francesca.
3. Francesca e Hans vanno
   - ☐ a. in una fabbrica.
   - ☐ b. in un centro sociale.
4. Francesca presenta Hans
   - ☐ a. ai suoi amici.
   - ☐ b. ai suoi parenti.

2 • Completa con i pronomi della lista.

io	mi	mi	ti	ti	tu

– Beh, _____ vado a fare un giro per Napoli. Vieni anche _____?
– Sì, _____ faccio la doccia e arrivo. _____ porto a vedere la Galleria, va bene?
– Va bene. E stasera dove _____ porti?
– _____ faccio conoscere i 99 Posse.

99 Posse

I 99 Posse sono un gruppo italiano di musica raggamuffin rap. Nascono nel 1991 nel Centro Sociale Officina 99. Il primo album dei 99 Posse del 1993 è subito un successo, grazie a canzoni come *Curre curre guagliò* e *Ripetutamente*. I loro testi sono sempre attenti alla realtà sociale e politica di Napoli in particolare e italiana in generale. Il gruppo si scioglie nel 2004, ma dopo cinque anni i 99 Posse tornano a suonare insieme.

adattato da *http://www.novenove.it*

ESERCIZI Capitoli XIX - XX - XXI

1 • Vero o falso?

	V	F
a. Secondo Francesca Grusser è un criminale	☐	☐
b. Hans suona con i 99 Posse.	☐	☐
c. Dopo il concerto una bomba esplode davanti al centro sociale.	☐	☐
d. Hans non è ferito.	☐	☐
e. La polizia arresta i camorristi.	☐	☐

2 • Completa il testo con i verbi al presente o al passato prossimo.

– Ciao Francesca, quando (*arrivare*) ____________________?
– Stamattina. Come (*stare*) ____________________?
– Bene, grazie. E tu?
– Anch'io. (*voi - Suonare*) ____________________ sempre?
– Sì, (*fare*) ____________________ un nuovo disco. (*Diventare*) ____________________ famosi.
– (*Essere*) ____________________ contenta... Ah, questo (*essere*) ____________________ Hans. (*Venire*) ____________________ da Amburgo. (*Essere*) ____________________ un sassofonista. (*Leggere*) ____________________ il vostro annuncio su Rockline e (*pensare*) ____________________ di venire a Napoli.
– Benvenuto Hans...

ESERCIZI Capitoli XXII - XXIII - XXIV

1 • Scegli la frase giusta.

1. Secondo Francesca nella valigia di Grusser c'era
   ☐ a. l'esplosivo.
   ☐ b. un cadavere.

2. Hans vuole
   ☐ a. andare dalla polizia.
   ☐ b. tornare in Germania.

3. La camorra vuole
   ☐ a. trovare Hans e Francesca.
   ☐ b. uccidere Hans e Francesca.

4. Gli amici di Francesca pensano che
   ☐ a. lei e Hans devono restare a Napoli.
   ☐ b. lei e Hans devono lasciare Napoli.

2 • Completa il testo con le preposizioni semplici o articolate.

Grusser è il capo _____ polizia _____ Amburgo. È un amico _____ mafia. Viene _____ Italia _____ fare un attentato. _____ treno incontra due camorristi. Scendono tutti e tre _____ Firenze e mettono la bomba _____ museo _____ Uffizi. Carosi, il capo _____ polizia italiana, è d'accordo _____ loro. Dice che scoprirà i colpevoli e invece protegge i suoi amici.

ESERCIZI Capitoli XXV - XXVI - XXVII - XXVIII

1 • Vero o falso?

	V	F
a. Hans ha già visitato Santa Maria Novella.	☐	☐
b. Francesca e Hans sono nello stesso albergo dove c'è Grusser.	☐	☐
c. La mafia cerca Francesca e Hans anche in albergo.	☐	☐
d. Hans vuole fare un giro turistico di Firenze.	☐	☐
e. Grusser esce dall'albergo da solo.	☐	☐

2 • Completa il dialogo.

In albergo.

– Avete una ________________ doppia per stanotte?

– Certo, signorina. Con o senza ________________?

– Con________________.

– D'accordo. Mi dia il suo ________________ e scriva i suoi dati anagrafici su questa scheda. Anche il suo amico.

– Hai capito, Hans? Devi scrivere il tuo ________________, il cognome, la ________________ di nascita e l'indirizzo.

La ribollita

La ribollita è un tipico piatto toscano, che ha le sue origini nel lontano Medioevo. Dopo il loro ricco pranzo, infatti, i nobili davano il pane avanzato ai servi, che lo univano alle loro povere verdure (patate, cavolo, piselli, zucchine, fagioli) e lo facevano bollire, ottenendo una zuppa saporita. Possiamo dire che questa zuppa è la "nonna" della ribollita! Ancora oggi questa ricetta fa parte della cucina casalinga in tutta la Toscana.

Ricetta per la ribollita

Ingredienti per 4 persone:

- Prezzemolo e cipolla per fare il battuto
- 300 gr di cavolo nero
- 1 cavolo verza
- 400 gr di carote
- 500 gr di patate
- 1 sedano piccolo
- 200 gr di piselli
- 4/5 zucchine
- 500 gr di fagioli bianchi
- Mezzo barattolo di passata di pomodori
- 500 gr di pane

Preparazione

Il primo passo da fare è quello di tagliare a piccoli pezzi prezzemolo e cipolla ("il battuto") e poi metterli nell'olio. Dopo qualche minuto, aggiungi le verdure: inizia con il cavolo nero e il cavolo verza.
Una volta che il cavolo nero e la verza iniziano a cuocere, metti in pentola anche un mezzo barattolo di passata di pomodori. Poi le carote, e di seguito il sedano, le patate, le zucchine e i piselli.
Infine, i fagioli bianchi, che però devono essere cotti da soli: a questo punto li puoi unire agli altri ingredienti.
Quando la zuppa è cotta (da calcolare almeno un'ora), si taglia il pane (la tradizione vuole sia pane vecchio) e in una zuppiera si mette uno strato di pane e uno di verdure, così per più strati. Il tutto deve riposare almeno 30 minuti.

(adattato da *http://www.turismo.intoscana.it/*)

ESERCIZI Capitoli XXIX - XXX - XXXI - XXXII - XXXIII

1 • Scegli la frase giusta.

1. Francesca entra nella camera di Grusser
   - ☐ a. da sola.
   - ☐ b. con Hans.

2. Grusser ha un appuntamento
   - ☐ a. a Santa Maria Novella.
   - ☐ b. a Santa Croce.

3. Nella chiesa Grusser incontra
   - ☐ a. un boss mafioso.
   - ☐ b. un commissario.

4. Francesca e Hans prendono i soldi e
   - ☐ a. vanno dalla polizia.
   - ☐ b. vanno in Brasile.

2 • Rcomponi le frasi.

1. Carosi paga Grusser
2. Grusser, con i due camorristi
3. La camorra decide di uccidere Grusser
4. La camorra vuole uccidere Francesca e Hans
5. Carosi va nella chiesa di Santa Croce
6. Carosi spara a Grusser

a. mette la bomba al museo.
b. perché ha fatto molti errori.
c. e Grusser spara a Carosi.
d. per organizzare l'attentato al museo degli Uffizi.
e. per uccidere Grusser.
f. perché sono due testimoni.

SOLUZIONI ESERCIZI

Prologo

1• 1/b; 2/c; 3/b • 2• Senti, pensi, vi siete conosciuti, ci siamo conosciuti, sapevo, è

Capitoli I - II - III

1• V: b, d, e; F: a, c, f • 2• posto, mi, Anch', madre, nata, sai, Lo, l', L', classe

Capitoli IV - V - VI

1• 1/a; 2/c; 3/a; 4/a • 2• beve, osserva, ci sono, c'è, lavora, torna, pensa, è andato, va, ha lasciato, È, ha detto

Capitoli VII - VIII - IX

1• V: b, c, e; F: a, d, f • 2• mi conosce, si ricorda, Lei è, mio padre, il mio amico, sto andando, nel

Capitoli X - XI - XII

1• 1/b; 2/b; 3/a; 4/b • 2• stanza, appartamento, casa, basso, porta, quartieri

Capitoli XIII - XIV - XV

1• V: a, c, d; F: b, e • 2• a/3; b/5; c/1; d/2; e/4

Capitoli XVI - XVII - XVIII

1• 1/a; 2/b; 3/b; 4/a • 2• io, tu, mi, Ti, mi, Ti

Capitoli XIX - XX - XXI

1• V: a, d; F: b, c, e • 2• sei arrivata, stai, Suonate, abbiamo fatto, Siamo diventati, Sono, è, Viene, È, Ha letto, ha pensato

Capitoli XXII - XXIII - XXIV

1• 1/a; 2/a; 3/b; 4/b • 2• della, di, della, in, per, Nel/In, a, nel, degli, della, con

Capitoli XXV - XXVI - XVII - XXVIII

1• V: b, e; F: a, c, d • 2• camera, bagno, bagno, passaporto, nome, data

Capitoli XXIX - XXX - XXXI - XXXII - XXXIII

1• 1/a; 2/b; 3/b; 4/b • 2• 1/d; 2/a; 3/b; 4/f; 5/e; 6/c